Anna Letsch

Die Geschichte der Homosexualität bis heute und das Verhältnis der christlichen Kirche zu Homosexualität

Wie sich Homosexualität und Christentum im 20. und 21. Jahrhundert vereinbaren lassen

GRIN Verlag

Bibliografische Information der Deutschen Nationalbibliothek:

Die Deutsche Bibliothek verzeichnet diese Publikation in der Deutschen National-
bibliografie; detaillierte bibliografische Daten sind im Internet über http://dnb.d-
nb.de/ abrufbar.

Impressum:

Copyright © 2012 GRIN Verlag, Open Publishing GmbH
Druck und Bindung: Books on Demand GmbH, Norderstedt Germany
ISBN: 978-3-656-61435-7

Dieses Buch bei GRIN:

http://www.grin.com/de/e-book/270217/die-geschichte-der-homosexualitaet-bis-
heute-und-das-verhaeltnis-der-christlichen

GRIN - Your knowledge has value

Der GRIN Verlag publiziert seit 1998 wissenschaftliche Arbeiten von Studenten, Hochschullehrern und anderen Akademikern als eBook und gedrucktes Buch. Die Verlagswebsite www.grin.com ist die ideale Plattform zur Veröffentlichung von Hausarbeiten, Abschlussarbeiten, wissenschaftlichen Aufsätzen, Dissertationen und Fachbüchern.

Besuchen Sie uns im Internet:

http://www.grin.com/

http://www.facebook.com/grincom

http://www.twitter.com/grin_com

Fachbereich Psychologie

Innrain 52f
A-6020 Innsbruck – Austria
Europe

Anna Letsch

Die Geschichte der Homosexualität bis heute und das Verhältnis

der christlichen Kirche zu Homosexualität

Wie sich Homosexualität und Christentum im 20. Und 21. Jahrhundert

vereinbaren lassen

Lehrveranstaltung: 720061 SE/2 Seminar zur Anwendungsvertiefung: Genderspezifische Aspekte

Ort und Datum der Abgabe: Innsbruck, den 19.05.2012

Inhaltsverzeichnis

I. Einleitung

„Was die Geschlechtlichkeit angeht, hält sich die Kirche an das Bibelwort: Gott schuf den Menschen als ‚Mann und Frau' (Gen 1,27). Gemessen an diesem Maßstab hält sie die gleichgeschlechtliche Neigung für ‚objektiv' falsch" (Laun, 2001, S.261).

„Die kirchliche Repression gegen Homosexuelle, die sich offen zu ihrer Partnerwahl bekennen ..., ist ein schwerer Angriff gegen die Ebenbildlichkeit des Menschen mit Gott. Hier wird Religion zur Aufrechterhaltung einer Herrschaftskultur mißbraucht und werden Menschen in Angst- und Schuldgefühle hineinmanipuliert" (Sölle, 2001, S.34).

Diese zwei Zitate aus dem Jahr 2001 sprechen dasselbe Thema an - und könnten doch in ihren Aussagen nicht unterschiedlicher sein. Sie verdeutlichen in ihrer Gegensätzlichkeit den Kern einer Grundsatzdebatte des 21. Jahrhunderts, die um folgende Frage kreist: wie lassen sich Homosexualität und Christentum miteinander vereinbaren?
Gerade in diesen Wochen bzw. ersten Monaten des Jahres 2013 ist diese Frage aktueller denn je: die sogenannte „Homo-Ehe" ist ein brisantes politisches Thema, welches ganze Nationen spaltet. Sollten homosexuelle Paare heiraten dürfen und somit die gleichen Rechte zugesichert bekommen, wie heterosexuelle Paare? Sollten sie Kinder adoptieren dürfen?
In Deutschland wurde im März 2013 ein Gesetzesentwurf zur Gleichstellung homosexueller Paare eingereicht. Auch in den USA verhandelt zur Zeit der Supreme Court über die Verfassungskonformität der Homo-Ehe. Gegner der Gleichstellung aus beiden Ländern beziehen sich in ihrer Ablehnung meistens auf christliche Werte; in Deutschland ist es die Christlich Demokratische Union, die sich mehrheitlich gegen den oben genannten Gesetzesentwurf stellt, in den USA sind es ebenfalls zum Großteil konservative Christen, die mit der Bibel gegen eine Gleichstellung argumentieren.

Die vorliegende Arbeit soll keine konkreten Lösungsvorschläge anbieten, sondern einen Überblick über das geschilderte kontroverse Thema geben und Argumente liefern zur Erörterung der Frage, wie sich Homosexualität und die christliche Religion im 20. und 21. Jahrhundert vereinbaren lassen. Dabei bleibt der Fokus auf westliche Industriestaaten gerichtet, vor allem auf Deutschland.

Als erstes wird die Geschichte der Homosexualität in Europa dargestellt bis hin zum 21. Jahrhundert, basierend auf Robert Aldrichs „Gleich und anders. Eine globale Geschichte der Homosexualität" (2007). Dies geschieht im Hinblick darauf, dass Homosexualität stets ein gesellschaftliches Phänomen war und ist, mit dem sich nicht nur die Kirche beschäftigte.

Es folgt dann eine Einengung des Fokus auf die Beziehung der Kirche zur Homosexualität, mit Bezug zur Bibel und der Unterscheidung der evangelischen und der katholischen Kirche in ihren modernen Standpunkten hinsichtlich Homosexualität.

Nach Erläuterung der Sichtweise der Kirche soll es um die Einzelperson gehen, um die Homosexuelle oder den Homosexuellen, der oder die religiös aktiv ist, und sich demzufolge im Spannungsfeld von Homosexualität und Christentum bewegt. Dazu werden aus der Fachliteratur entnommene Erfahrungsberichte aufgeführt, welche zeigen sollen, wie der Einzelne mit dem kontroversen Thema umgeht und lebt.

Diese Erfahrungsberichte führen schließlich zur Beantwortung der Frage, wie Homosexualität und Christentum im 20. und 21. Jahrhundert vereinbar sind.

Die Arbeit schließt mit einer persönlichen Stellungnahme.

II. Begriff „Homosexualität"

Bevor im Folgenden die Geschichte der Homosexualität dargestellt wird, muss gesagt werden, dass die Bedeutung des Begriffes „Homosexualität" im Verlauf der Geschichte nicht die gleiche ist, wie sie in unserer heutigen Zeit in der westlichen Welt verstanden wird. Homosexualität als eine Form der Sexualität und als Teil der Identität, der „sozialen Rolle", ist als Sichtweise unserem gegenwärtigen Zeitalter eigen (McIntosh, 1968). In vergangenen Epochen war Homosexualität oder „Sodomie" in der Bedeutung oftmals auf gleichgeschlechtliche Sexualpraktiken bezogen.

Wenn also im Folgenden der Begriff „Homosexualität" verwendet wird, so ist damit nicht immer der Begriff in seiner heutigen Bedeutung gemeint, sondern vor allem gleichgeschlechtliche Beziehungen aller Art, seien sie sexueller und/oder romantischer Natur. „Homosexualität" als Bezeichnung existierte darüber hinaus erst seit Ende des 19. Jahrhunderts.

Homosexualität ist im allgemeinen eine sexuelle Orientierung, bei welcher das sexuelle Verlangen Personen des gleichen Geschlechts gilt.

III. Die Geschichte der Homosexualität

Seit Anbeginn der Menschheit existiert die Liebe zwischen Mann und Mann und zwischen Frau und Frau. Zahlreiche historische Dokumente können davon zeugen. Die Einstellungen gegenüber gleichgeschlechtlicher Liebe differieren jedoch stark von Epoche zu Epoche und Kultur zu Kultur. Dies zeigt sich schon in der Gegenüberstellung der vorchristlichen Epochen der Antike und der indogermanischen Völker.

Der Aufbau eines kriegerischen indogermanischen Patriarchats führte ca. 2000 v. Chr. im damaligen Europa zu einer Verabscheuung der „feigen", da unkriegerischen Homosexualität, die mit dem Tod bestraft wurde (Bleibtreu-Ehrenberg, 1993).

Ganz anders verhielt sich die Einstellung der alten Griechen zu gleichgeschlechtlicher Liebe: Die überlieferten Quellen der griechischen Mythologie zeichnen ein Bild der Homosexualität als etwas, das zu dieser Zeit weitläufig praktiziert und akzeptiert wurde. Die den Menschen gleichenden griechischen Götter pflegten in den zahlreichen Mythen fast alle Liebesbeziehungen zu jungen Männern. Die vor allem durch die Lyrikerin Sappho beschriebene Liebe zwischen zwei Frauen war ebenfalls nicht unüblich.

Mit dem Erwachen des Christentums änderte sich die Auffassung von Sexualität und somit auch von Homosexualität. Im christlichen Mittelalter galt die Fortpflanzung als einzig akzeptabler „Grund" für sexuelle Handlungen. Alle „perversen" Sexualpraktiken wurden zusammengefasst unter dem Begriff „Sodomie"; darunter der sexuelle Kontakt zwischen Mensch und Tier oder der Analverkehr zwischen Männern – zwei Praktiken, die sich damals in ihrer Sündhaftigkeit nicht unterschieden. Der Begriff leitet sich ab aus der biblischen Geschichte über die Stadt Sodom, die Gott aufgrund ihrer sündigen Bewohner in Flammen aufgehen ließ. Sodomie wurde im frühen Mittelalter geahndet im Rahmen der verhältnismäßig milden Bußbestimmungen der Kirche, die Beten oder Spenden als Maßnahmen zur Vergebung der Sünden vorsahen (Bleibtreu-Ehrenberg, 1993). Von da an verschärften sich die Strafen stets: es folgten „Leibesstrafen", d.h. Kastration oder Auspeitschung, bis schließlich den „Sodomitern" ab 1532 unter dem Habsburger Karl V. gesetzlich festgeschrieben der Feuertod drohte, obwohl dies auch vor dem Gesetz oftmals gang und gäbe war. Es kam zu einer regelrechten Sodomiterverfolgung.

In dem Gesetz Karl V. war auch der Sex zwischen Frau und Frau als Sodomie mit eingeschlossen. Trotzdem wurde dieser längst nicht auf gleiche Art verfolgt, wie der Verkehr zwischen Männern.

Mit der Renaissance erwachte im 15. Und 16. Jhd. gleichzeitig mit der Sodomiterverfolgung der Geist der Antike wieder: vor allem in der Kunst wurde erneut der Knabenliebe und der Schönheit männlicher Körper gehuldigt. Dies war demzufolge eine ambivalente Zeit: Katholiken wie Lutheraner verachteten die homoerotische Kunst und priesen die Ehe zwischen Mann und Frau als einzig anerkannten Rahmen für Sexualität an; gleichzeitig war es unter vielen Adligen dieser Zeit üblich, sexuelle Kontakte zwischen Männern am Hof zu pflegen. Auch in den Städten Europas (Paris, London, Amsterdam) entwickelten sich ab 1700 homoerotische Subkulturen, obwohl weiterhin die Todesstrafe auf Homosexualität stand.

Dies änderte sich zumindest in Preußen im Jahr 1794 als die Todesstrafe der Kerkerhaft, Prügel und Verbannung wich.

Im Zuge der Französischen Revolution und der Aufklärung kam es teilweise in Europa zu einer Entkriminalisierung der Homosexualität: in dem 1791 neu entworfenen Strafgesetzbuch Frankreichs, welches sich in seinen Rechtsinhalten auf viele Teile Europas ausweitete, findet sich keine Erwähnung der Sodomie mehr. Dies führte bei weitem nicht zu einer Akzeptanz der Homosexualität und auch nicht zu einer Straffreiheit in ganz Europa, wie an Preußen ersichtlich.

Die Subkulturen bestanden in den Städten parallel dazu weiterhin: es gab eigens Kneipen und Veranstaltungen für Homosexuelle.

Im 19. Jhd. wich die Bezeichnung „Sodomit" der Bezeichnung „Homosexueller". Ebenso nahmen sich Medizin und Psychologie der Homosexualität an, um mögliche Ursachen für die sexuelle Orientierung zu ergründen. Es existierten zahlreiche verschiedene Theorien. Der Sexualforscher Magnus Hirschfeld beschrieb ein Kontinuum zwischen ‚perfekt männlich' und ‚perfekt weiblich', auf welchem sich jeder Mensch einordne und somit eine individuelle Sexualität habe. Auch Freud sah die Homosexualität nicht als Krankheit an.

Es entstanden immer mehr Bewegungen zur Durchsetzung von Rechten für Homosexuelle und zur Aufhebung von Vorurteilen. Vor allem in den 1920er Jahren, trauten sich viele Homosexuelle zu ihrer Sexualität zu stehen. Allzu erfolgreich war der Kampf nicht: das Ziel der Entkriminalisierung in Deutschland konnte nicht erreicht werden und eine homophobe Grundeinstellung blieb der Gesellschaft weiterhin eigen.

Mit Machtergreifung der Nazis folgte eine Zerschlagung der homosexuellen Subkultur. Homosexualität galt es auszumerzen, wobei dies sich fast ausschließlich auf die Liebe und sexuellen Handlungen, sogar Annäherungen, zwischen Männern bezog. Frauen wurde in ihrer passiven Hausfrauenrolle keine Homosexualität „zugetraut".

Nach Ende des zweiten Weltkrieges sicherten die Vereinten Nationen allen Menschen gleiche Rechte zu, doch dies führte weiterhin nicht zu einer Akzeptanz der Homosexualität. Vor allem in den 1950er Jahren, in welchen die Familie das absolute gesellschaftliche Ideal darstellte, herrschte eine starke Homophobie. Sexuelle Abweichung galt als Bedrohung. Selbst im deutschen Strafgesetzbuch blieben sexuelle Handlungen verboten. Auch in den Vereinigten Staaten galten Homosexuelle als Risiko für die Sicherheit und wurden strafrechtlich verfolgt.

Trotzdem entstanden immer mehr homosexuelle Netzwerke und Organisationen, die gegen Diskriminierung kämpften und deren Ziel es war, tiefgreifende Vorurteile in der Gesellschaft abzubauen. Ab den 70er Jahren formten sich Gay Liberation – Bewegungen in den USA und Europa, die ein akzeptiertes „coming out" forderten. Homosexuelle sollten mit ihrer ganzen individuellen Identität anerkannt werden.

In den 1980er Jahren kam es zur sogenannten Aids-Krise. Dass eine tödliche Krankheit, die zu dieser Zeit mehrheitlich Homosexuelle traf, von Politik und Medien anfangs kaum beachtet wurde, empörte die Aktivisten und Homophilen. Erst im Verlauf der 80er Jahre und durch das Engagement und die Proteste der Homosexuellenbewegungen wuchs die Aufmerksamkeit. Hilfsorganisationen wurden gegründet und finanzielle und fachliche Mittel kamen zum Einsatz. Sie fanden in ihrer Brisanz immer mehr Zulauf und Unterstützung.

Der Paragraph 175, der im deutschen Strafgesetzbuch in immer wieder wechselnder Fassung homosexuelle Handlungen verboten hatte, wurde erst 1994 in seiner letzten Form restlos gestrichen.

Mit der endgültigen Entkriminalisierung und einer sich stark wandelnden Gesellschaft, hin zum Pluralismus und zu den unterschiedlichsten Lebensentwürfen, wuchs die gesellschaftliche Akzeptanz Stück für Stück.

Doch selbst heute, im Jahr 2013, kann noch nicht von einer rechtlichen Gleichstellung die Rede sein. Homophobie existiert in unterschiedlichster Form und Stärke weiterhin in Deutschland, auch wenn ein „coming out" mittlerweile üblich ist und Homosexualität in der Wissenschaft seit Jahren nicht mehr als Krankheit gilt, sondern als „normal" bestehende Form der Sexualität angesehen wird. Trotzdem dürfen Schwule und Lesben nicht heiraten und trotzdem dürfen sie keine Kinder adoptieren.

Im Folgenden soll erörtert werden, inwiefern die christliche Religion und die Kirche in unserer heutigen Zeit zu diesem Umstand beitragen.

IV. Verhältnis der Kirche zur Homosexualität

Die oben beschriebene Geschichte der Sexualität ist eine mehr oder weniger ganzheitliche, die sich nicht ausschließlich an dem Verhältnis von Kirche und Homosexualität orientiert. Tatsache ist, dass die Kirche ihre Position zu Homosexualität zwar immer wieder dem herrschenden Zeitgeist anpasste, aber stets eine ablehnende Haltung einnahm:

> Die Kirche entwickelte im Laufe ihrer Geschichte ein immer differenzierteres Argumentationsgebilde gegen eine Akzeptanz homosexuellen Verhaltens. Die Praxis der Kirche im Bezug auf den Umgang mit Homosexuellen bewegte sich zwischen den Extremen der mittelalterlichen Schwulenverfolgung und der stillschweigenden Akzeptanz homosexueller Lebensweisen. (Knäufl, 2000, S. 21, zitiert nach Nitezki, 2011)

Über den Ursprung der Ablehnung homosexuellen Verhaltens kann die Bibel Aufschluss geben. Schon die Schöpfungsgeschichte im 1. Buch Mose beschreibt die Schöpfung von Mann und Frau als „exklusive" Partner. Dort heißt es: „Da sprach der Mensch: Das ist doch Bein von meinem Bein und Fleisch von meinem Fleisch; man wird sie Männin heißen, darum daß sie vom Manne genommen ist. Darum wird ein Mann Vater und Mutter verlassen und an seinem Weibe hangen, und sie werden sein ein Fleisch" (1. Mose 2,23).

Interpretierbare Ablehnung der Homosexualität lässt sich im Neuen Testament beispielsweise im 1. Korinther nachlesen: „Wisset ihr nicht, daß die Ungerechten das Reich Gottes nicht ererben werden? Lasset euch nicht verführen! Weder die Hurer noch die Abgöttischen noch die Ehebrecher noch die Weichlinge noch *die Knabenschänder* noch die Diebe noch die Geizigen noch die Trunkenbolde noch die Lästerer noch die Räuber werden das Reich Gottes ererben" (1. Korinther 6, 9-10). Interpretierbar ist diese Ablehnung deshalb, weil nicht deutlich ist, was mit dem Begriff „Knabenschänder" genau gemeint ist. Deswegen ist fragwürdig, ob diese Textstelle als „Beweis" dafür gelten kann, dass die Bibel Homosexualität als Sünde verbietet.

Eine ähnliche Textpassage findet sich im Neuen Testament im 1. Buch Timotheus.

Ansonsten ist Homosexualität in der gesamten Bibel kein explizites Thema. Außerdem ist es essentiell, dass der Begriff „Homosexualität" (abgesehen davon, dass er so damals nicht existierte) längst nicht das gleiche bedeutete wie heute. Im Lexikon für Theologie und Kirche aus dem Jahr 1996 heißt es dazu: „Von zentraler Bedeutung für die theologisch- eth[ische] Bedeutung der H[omosexualität] in Bibel u[nd] Trad[ition] ist die Tatsache, dass hier noch nicht die Verfasstheit, die homosexuelle Disposition, in den Blick genommen wird, sondern alles auf das Verhalten, die h[omosexuelle] Praxis, als Ausgangs- und Zielpunkt der Beurteilung abgestellt bleibt" (Korff & Müller, 1996, S.255).

Die Ehe zwischen Mann und Frau gilt in der christlichen Kirche als eines der höchsten Ideale, in der katholischen Kirche ist sie sogar eines der sieben Sakramente, welche Symbole der Verbindung zwischen Gott und dem Menschen sind (Janßen, 2004). Auf dieser Grundlage stellt Homosexualität eine Bedrohung dar, oder zumindest etwas Sündhaftes, etwas „Abnormales", was in Zeiten, in denen die Kirche ein Machtmonopol innehatte und in denen christlicher Glaube das allgemeingültige Weltbild darstellte, zu einer Ächtung und Verfolgung von Homosexuellen führte.

Die Aufklärung und der Humanismus brachten nicht nur Säkularisierung und „Verweltlichung" mit sich, sondern auch die Empirie. Im Angesicht der fortschreitenden Forschung und der sich ändernden Gesetzgebung bezüglich Homosexualität, musste die Kirche ihre Position zu diesem Thema zumindest in ihrer Radikalität immer wieder anpassen.

Die Kirche hat es, plakativ gesagt, in unserer heutigen Zeit schwer mit ihren Ansichten bezüglich Homosexualität. Trotzdem wäre es falsch zu behaupten, ihr Standpunkt sei zu vernachlässigen, wenn immer noch tausende von Menschen frenetische Anhänger des Papstes sind, wenn in den USA Massen von Christen gegen die Homo-Ehe protestieren und wenn in Deutschland die Christlich Demokratische Union regiert und die Homo-Ehe mit Verweis auf das Ideal der Ehe zwischen Mann und Frau ablehnt.

Homosexualität in ihrer Vereinbarung mit christlicher Religion ist als Thema extrem kontrovers und meinungsbehaftet. Wissenschaftliche Fakten, denen zu Folge Homosexualität eine naturgegebene Form der Sexualität darstellt, müssen gezwungenermaßen in eine seriöse Debatte miteinbezogen werden, doch lassen sich in vieler Hinsicht nicht mit von der Kirche postulierten Grundsätzen vereinbaren. So müssen ständig Mittelwege und Rechtfertigungen gefunden werden, die in ihren Ausprägungen unterschiedlich sind und sich je nach Befragtem verändern.

4.1. Unterschiedliche Standpunkte von Evangelischer und Katholischer Kirche

Es muss in der heutigen Zeit ebenfalls zwischen Positionen der katholischen und der evangelischen Kirche hinsichtlich Homosexualität unterschieden werden. Folgende Zitate sollen die unterschiedlichen Positionen deutlich machen:

In einem „Schreiben der Kongregation für die Glaubenslehre über die Seelsorge für homosexuelle Personen", herausgegeben vom Sekretariat der deutschen Bischofskonferenz der katholischen Kirche aus dem Jahr 1986 heißt es:

> Die Kirche, die ihrem Herrn gehorsam ist, der sie gegründet und ihr das sakramentale Leben eingestiftet hat, feiert den göttlichen Plan der Liebe und der Leben schenkenden Vereinigung von Mann und Frau im Sakrament der Ehe. Einzig und allein in der Ehe kann der Gebrauch der Geschlechtskraft moralisch gut sein. Deshalb handelt eine Person, die sich homosexuell verhält, unmoralisch....Dies will nicht heißen, homosexuelle Personen seien nicht oft großzügig und würden sich nicht selbstlos verhalten; wenn sie sich jedoch auf homosexuelles Tun einlassen, bestärken sie in sich selbst eine ungeordnete sexuelle Neigung, die von Selbstgefälligkeit geprägt ist. (S.6)

Bemerkenswert ist, dass es in einem weiteren Schreiben des Sekretariats der deutschen Bischofskonferenz, fast 20 Jahre später (2005), immer noch heißt:

> Der *Katechismus* unterscheidet zwischen homosexuellen Handlungen und homosexuellen Tendenzen. Bezüglich der homosexuellen *Handlungen* lehrt er, daß sie in der Heiligen Schrift als schwere Sünden bezeichnet werden....Sie können daher in keinem Fall gebilligt werden. Die tiefsitzenden homosexuellen *Tendenzen*, die bei einer gewissen Anzahl von Männern und Frauen vorkommen, sind ebenfalls objektiv ungeordnet und stellen oft auch für die betroffenen Personen selbst eine Prüfung dar. Diesen Personen ist mit Achtung und Takt zu begegnen; man hüte sich, sie in irgendeiner Weise ungerecht zurückzusetzen. Sie sind berufen, den Willen Gottes in ihrem Leben zu erfüllen und die Schwierigkeiten, die ihnen erwachsen können, mit dem Kreuzesopfer des Herrn zu vereinen. (S.7)

Es wird deutlich, dass die katholische Kirche in ihrer Stellungnahme zum Thema Homosexualität zwischen homosexuellen Handlungen und dem homosexuellen Menschen unterscheidet. Diese Position stellt den Mittelweg dar zwischen Ablehnung der homosexuellen Lebenspraxis auf der einen und der im Christentum jedem Menschen zugesicherten Nächstenliebe auf der anderen Seite. So warnt die katholische Kirche davor, Homosexuelle zu diskriminieren. Man müsse ihnen „mit Achtung ... begegnen". Der Fakt, dass homosexuelle Menschen und „homosexuelle Handlungen" praktisch nicht voneinander zu trennen sind, stellt das große Dilemma der katholischen Kirche in diesem Punkt dar:

Ausweg sahen ihre Vertreter lange Zeit in der Therapierbarkeit der Homosexualität. Heute ist diese Meinung inakzeptabel, da falsch, und kann in der Öffentlichkeit kaum noch vertreten werden, ohne mit Entsetzen der Mehrheit der Gesellschaft quittiert zu werden.

4.1.2. Evangelische Kirche

Die Evangelische Kirche vertritt eine liberalere Position im Hinblick auf gleichgeschlechtliche Beziehungen, wie in einer Veröffentlichung des Kirchenamtes der Deutschen Evangelischen Kirche aus dem Jahr 2002 deutlich wird:

> Der Rat kommt zu folgendem Ergebnis: Es gibt keine biblischen Aussagen, die Homosexualität in eine positive Beziehung zum Willen Gottes setzen - im Gegenteil. Für das Zusammenleben von Menschen unter dem Aspekt der Sexualität und Generativität sind aus der Sicht des christlichen Glaubens Ehe und Familie die sozialen Leitbilder. Denjenigen homosexuell geprägten Menschen, die aufgrund ihrer Lebensgeschichte und Selbstwahrnehmung ihre homosexuelle Prägung als unveränderbar verstehen und nicht bereit sind, sexuell enthaltsam zu leben, ist zu einer vom Liebesgebot her gestalteten und darum ethisch verantworteten gleichgeschlechtlichen Lebensgemeinschaft zu raten. Diese Position muss eine Spannung zwischen dem biblischen Widerspruch gegen homosexuelle Praxis als solche und der Bejahung ihrer ethischen Gestaltung in Kauf nehmen.

Interessant ist der unterschiedliche Umgang mit der Bibel in ihrer Leitposition im Spannungsfeld Homosexualität. Die Katholische Kirche begründet ihre Ablehnung gegenüber homosexueller Handlungen, und damit gegenüber homosexueller Lebensgemeinschaften mit entsprechenden Bibelstellen (vgl. 1. Korinther; 1. Timotheus) und „verbietet" Homosexuellen darauf basierend homosexuelle Beziehungen. Die evangelische Kirche auf der anderen Seite, sieht in diesen Bibelstellen zwar ebenfalls Argumente gegen gleichgeschlechtliche Beziehungen, aber lässt sie als widersprüchlich und dem Wohl des Einzelnen untergeordnet „im Raum stehen", indem sie Homosexuellen zu gleichgeschlechtlichen Lebenspartnerschaften rät. Schon allein dieser Umstand zeigt, wie unterschiedlich selbst die höchsten religiösen Instanzen Deutschlands mit dem Thema Homosexualität und Religion umgehen.

Es stellt sich daraufhin die Frage, wie es der Einzelne schaffen kann, sich in diesem Spannungsfeld zu positionieren.

V. Erfahrungsberichte homosexueller Christen

Der Theologe Christian Käufl erläutert die Funktion der Kirche im Hinblick auf die Seelsorge für Homosexuelle folgendermaßen: „Aus pastoraltheologischer Sicht wird die Option aufgestellt, homosexuelle Menschen in ihrer Ganzheitlichkeit als Person wahrzunehmen, sie und ihre sexuelle Neigung anzuerkennen, Betroffenen ehrliche Begegnungen anzubieten und die Kirche zu einem Haus mit vielen Wohnungen werden zu lassen" (2000, S.36).

Soweit die Theorie. Die Praxis sieht in vielerlei Hinsicht anders aus:

„Es ist eine tragische Paradoxie, dass gerade in der Kirche viel von Liebe, Vertrauen, Vergebung und Gnade die Rede ist (und durchaus praktiziert wird), Schwule aber gerade im kirchlichen Bereich schlimmsten Diskriminierungen ausgesetzt sind" (Rauchfleisch, 1995, S.87).

Dieses Phänomen, welches hier beschrieben wird, bezeichnet Käufl als ein „Lebensgefühl der Grauheit" (2000, S.11). Er meint damit das Gefühl homosexueller Christen oder Geistlicher, die sich in ihrem Dasein nicht entfalten oder annehmen können, da sie von der Kirche, die in ihren Grundsätzen für Nächstenliebe steht, oftmals diskriminiert werden.

Es sollen im Folgenden in der Literatur und den Medien dargestellte Erfahrungsberichte christlicher Homosexueller aufgeführt werden. Diese Erfahrungsberichte können am besten Einblick in den tatsächlichen Alltag der „Betroffenen" geben. Die Berichte sind so ausgewählt, dass sie ein möglichst ganzheitliches Bild an Erfahrungen zeichnen und negative wie auch positive Stimmen zu Wort kommen lassen.

„Lesbische Existenz in Pfarramt und Gemeinde" (Anonym, in Kittelberger, Schürger & Heilig-Achneck, 1993, S.130):

„Eines wusste ich immer: als Gemeindepfarrerin würde ich in einer Gemeinde nie mein Lesbisch-Sein offen leben können. Weder Gemeinde noch Kirchenleitung oder meine Vorgesetzten würden das dulden. Es kam anders. Ich habe dazulernen können und merke, dass ich sowohl die Menschen in der Gemeinde als auch die übergeordneten Stellen unterschätzt habe....

Dankbar nahm ich die Aktivitäten der Arbeitsgruppe „Lesbische Frauen und Kirche" (LuK) zur Gelegenheit, erst meinen Vorgesetzten und später den Gemeindekirchenrat ... zu unterrichten (S. 131).... Bei unseren Aktivitäten entsteht schnell der Eindruck, es gäbe für uns Lesben keine Probleme, da wir ja augenscheinlich öffentlich auftreten können. Die Ängste und Überwindungen, die diese Arbeit kostet, und die Frauen, die sich nicht der Öffentlichkeit stellen können, werden nicht gesehen (S.136)....

Als lesbische Pfarrerin in einer Gemeinde relativ offen zu leben ist also für mich möglich.

Meine Erfahrungen sind aber in keiner Weise übertragbar. Ich lebe in einer Großstadt, in der
an vielen Stellen das Klima sehr viel offener ist ... als oft in Kleinstädten oder Dörfern
(S.139).

"Der Weg eines jungen katholischen Theologen" (Anonym, in Rauchfleisch, 1995, S.88)

"Ich muss sagen, ich fühle mich einigermaßen wohl in der katholischen Kirche, auch wenn
ich immer ... mit großen Schwierigkeiten zu kämpfen habe.

Die Spannung zwischen meinen Gefühlen und all dem, was von außen kam, war sehr schwer
auszuhalten. ... es hat mich ... eine große Anstrengung gekostet, zu der Glaubenshaltung zu
kommen, die heute für mich gilt: Gott hat mich gern, so wie ich bin. Er hat mich so
geschaffen, wie er es für richtig hält ... (S.89).

In Bezug auf eine Arbeit spielte mein Schwul-Sein eine wichtige Rolle. Die Arbeit in einer
Gemeinde habe ich von vornherein für mich ausgeschlossen. ... Ich habe den Eindruck, dass
eine Pfarrgemeinde es auch sehr schwer hätte, die Diskrepanz zu ertragen, die zwischen den
offiziellen Verlautbarungen der katholischen Kirche ... und dem Erleben, einen schwulen
Seelsorger zu haben, besteht (S.91).

Wir müssen die Verantwortlichen der Kirchen und die Gläubigen dazu bringen, sich mit uns
auseinanderzusetzen" (S.95).

Interview mit Theologiestudent "Olaf" (fiktiver Name) durchgeführt von Käufl (2000)

Zu einer Phase seines Coming Out sagt Olaf: *"... im Theologiestudium hab ich dann, ich*
glaub im 1. oder 2. Semester, so halt gedacht: ich will nicht einer von diesen grauen
Theologiemäusen sein und hab mir so einen Button gemalt, wo drauf stand: SCHWUL, NA
KLAR! ... und bin damit rumgelaufen. – Und wo eigentlich das Verblüffende nur war ..., viele
haben's gelesen, das hat man gesehen an den Augenwinkeln, und bis auf einen Menschen hat
sich niemand getraut, da je darauf zu reagieren. Da fühlte ich mich aber ganz schön stark.
Weil die waren ja plötzlich die Schwachen" (S.81).

Zur Ratzinger-Instructio (von Joseph Ratzinger, später (2005) Papst Benedikt XVI.): *"In der*
Zeit kam aber diese Ratzinger-Instructio raus, zur Homosexualität. Die ja immerhin bis zu
diesem Satz gegangen ist, ah: Schwule haben nicht an der Eucharistie (= Abendmahl)
teilzunehmen, ne. – Und, ah, - das war schon noch mal ein Schnitt, glaub ich, - denn, - das

war ein Zeitpunkt, wo ich, wo ich noch ... nen Wunsch hatte, auch zur Kommunion zu gehen
und wo ich das natürlich trotzdem gemacht hab, aber es ist, in dem Moment ist es jedesmal,
wenn du da vorgehst zum Altar, ne, dann is ..., dann steht Ratzinger an deiner Seite und
quasselt, und jedesmal denkst du, dass du ja eigentlich nicht mehr erwünscht bist" (S.101).

Ein extremes Negativbeispiel soll den Schluss der Erfahrungsberichte bilden, vor allem
wegen dessen Aktualität. Die Talkshow „Günther Jauch" in der ARD hatte am 10.02.2013 die
Frage „Die Glaubensfrage – wie lebensnah ist die Kirche?" zum Thema. Zu Wort kam in
dieser Sendung der ehemalige Küster H. Höver, der aufgrund seiner Homosexualität von der
katholischen Kirche entlassen wurde. Höver berichtet: *„Er (ein Pfarrer aus Hövers Gemeinde)*
empfahl seinen Gläubigen: Lasset uns ihn zum Dorfe hinaus jagen. Das hat in letzter
Konsequenz den Träger der Kapelle veranlasst zu sagen, ich sei geistlichen Herren nicht
mehr zuzumuten und möge die Tätigkeit einstellen" (zitiert nach queer.de, 2013).
Da Hövers Entlassung schon mehrere Jahre zurücklag, wurde er gefragt, ob sich die
Einstellung der Kirche gegenüber Homosexuellen nicht mittlerweile geändert habe. Er
antwortete verneinend: *"Die katholische Kirche betreibt eine unerhörte Hetzkampagne. Schon*
Herr Wojtyla hat 1979 gesagt: 'Homosexualität ist ein unaussprechliches Verbrechen'.
Bischof Klaus Küng schrieb: 'Mein Vorarlberg ist schwulenfrei'. Und der Herr Ratzinger
sagt: 'Jedes Kind, dass bei einem homosexuellen Paar aufwächst, ist alle Tage einer
seelischen Vergewaltigung ausgesetzt'" (zitiert nach queer.de, 2013).

Der Erfahrungsbericht von H. Höver zeigt, dass die Vereinbarkeit von Homosexualität und
vor allem der katholischen Kirche auch im Jahr 2013 ein heikles Thema und eine weitgehend
ungelöste Problematik darstellt.

VI. Vereinbarkeit von Homosexualität und christlicher Religion im 20. und 21. Jahrhundert

Wie lässt sich nun Homosexualität mit der christlichen Religion in unserer heutigen Zeit
vereinbaren?
Diese Frage lässt sich nicht universell gültig beantworten. Jeder Schwule und jede Lesbe, die
christlich ist und in der Kirche tätig ist, oder es sein möchte, muss einen eigenen Weg finden,
um im Rahmen der Möglichkeiten mit dem Thema umzugehen. Viele äußere Faktoren

beeinflussen diesen persönlichen Umgang jedoch. Als erstes gibt es die Rahmenbedingungen der Kirche als Institution. Die Kirche äußert sich eher ablehnend gegenüber Homosexualität oder zumindest gegenüber homosexuellem Verhalten und macht somit ihren Standpunkt klar. Gleichzeitig betont sie die Nächstenliebe, die jedem Menschen zu Teil werden soll, und warnt vor diskriminierendem Verhalten gegenüber jedem Einzelnen. Diese widersprüchliche Haltung schafft schwere Bedingungen für homosexuelle Christen: die sexuelle Orientierung als Teil der Identität wird nicht bedingungslos angenommen von Vertretern des eigenen Glaubens.

So kann es passieren, dass sich zwei zutiefst persönliche, identitätsstiftende Teile des Selbst in einer Person widersprüchlich gegenüberstehen: Glaube und sexuelle Orientierung. Diese Spannung kann zu psychischen Problemen führen, wie Identitätskrisen, Depression oder Angststörungen.

Bestenfalls kann sich der oder die Betroffene in diesem Fall an helfende Personen wenden, von denen er oder sie unterstützt wird.

Wie beispielsweise aus dem Erfahrungsbericht der lesbischen Pfarrerin hervorgeht, gibt es Organisationen und Vereine, die Schwule und Lesben in der Kirche unterstützen. Das Gefühl von Gemeinschaft kann enorm hilfreich sein in solch einer Krisensituation, wie Käufl (2000) beschreibt:

> Homosexuelle brauchen genauso wie Heterosexuelle Identifikationsmuster in ihrem Lebensumfeld, um die sexuelle Orientierung integrieren und leben zu können....Ein solches Umfeld bieten Homosexuelle Coming-out-Gruppen. Dort treffen sich Schwule, um über ihre sexuelle Neigung zu sprechen, sich über ihre Probleme auszutauschen und sich dadurch im eigenen Selbstfindungsprozeß zu bestärken. (S.80)

Auch Psychotherapie kann sehr hilfreich sein. Helminiak sagt dazu: „...mit adäquatem Wissen über die Religion eines Klienten, können Psychologen den homosexuellen Klienten zu einer gesunden persönlichen Integration führen, welche die verschiedenen Doktrinen der Religion überwindet, während das übliche spirituelle Anliegen des guten Lebens der Religion erhalten bleibt" (2008, S. 144).

Als psychologische Umgangsmöglichkeit postuliert Helminiak demzufolge die vollständige Integration der eigenen Homosexualität in das Selbstbild im Rahmen der Therapie, mit gleichzeitigem Fokus auf die Aspekte der Religion, die sich auf „gutes Leben" und Nächstenliebe beziehen. So soll es der Klient schaffen, den Widerspruch von Glauben und sexueller Orientierung für sich zu überwinden.

Neben den Menschen, die sich mit dem Thema auseinandersetzen und versuchen, die eigene Sexualität mit der christlichen Religion für sich selbst in Einklang zu bringen, gibt es natürlich auch solche, die dies gar nicht in extremer Weise tun müssen, da sie beispielsweise in einer sehr liberalen und akzeptierenden Kirchengemeinde tätig sind oder im Gegensatz dazu solche, die ihre Homosexualität leugnen, vor sich selbst und anderen und diese in der Arbeit mit der Kirche stets geheim halten.

Wie Heinz Höver beweist, gibt es auch Menschen, die mit Verkündung ihrer Homosexualität sehr schlechte Erfahrungen mit der Kirche machen und trotz selbst akzeptierter Homosexualität auf äußerliche Grenzen stoßen, die sie nicht überwinden können.

Die Geschichte der Kirche in Bezug auf Homosexualität zeigt, wie tief verwurzelt und „alt" die Ablehnung homosexueller Praktiken vor allem auf Seiten der katholischen Kirche ist und wie konsistent diese Ablehnung bestehen bleibt, trotz liberaler gesellschaftlicher Verhältnisse.

Letztendlich bleibt zu sagen, dass die Kirche die übergeordneten Rahmenbedingungen stellt, indem sie sich öffentlich und argumentativ zur Homosexualität äußert und sich alle homosexuellen Christen innerhalb dieses Rahmens bewegen müssen. Sie können Hilfe in der Gemeinschaft suchen oder in der Therapie. Jeder kann darüber hinaus entsprechende Bibelstellen für sich interpretieren oder ihnen einen individuellen Stellenwert beimessen und es dadurch schaffen, wie der junge katholische Theologe, folgende Glaubenshaltung zu erlangen: „Gott hat mich gern, so wie ich bin. Er hat mich so geschaffen, wie er es für richtig hält..." (Rauchfleich, 1995, S.89).

VII. Persönliche Stellungnahme

Die vorliegende Arbeit liegt mir am Herzen, da sie ein für mich relevantes Thema beschreibt. Ich bin selber christlich und habe homosexuelle Freunde. Trotzdem hat die Vereinbarung von Homosexualität und Religion im Allgemeinen für mich nie einen Konflikt dargestellt, da ich Gott und das Christentum für mich selbst interpretiere und die Institution Kirche mit ihrem Standpunkt zur Homosexualität in diesem Prozess keinen hohen Stellenwert einnimmt. Im Zuge dieser Arbeit las ich dann allerdings Erfahrungsberichte von Menschen, die sehr wohl große Konfliktsituationen aushalten und überwinden mussten und müssen. Gerade vor dem Hintergrund der Debatte zur Homo-Ehe und dem Adoptionsrecht für homosexuelle Paare, wird deutlich, wie viel Diskrimination Homosexuelle auch im 21. Jahrhundert erdulden müssen.

Das Thema Homosexualität und Kirche fand ich deshalb besonders interessant, weil die Kirche ein sehr altes Glaubenssystem mit festen Doktrinen vertritt, welches gegenüber gesellschaftlichem Wandel teilweise resistent ist. Die Ablehnung der Homosexualität geht bis auf die Anfänge des Christentums zurück und besteht 2000 Jahre später weiterhin (in radikal anderer Form). Diese fest verankerte Überzeugung steht im krassen Gegensatz zu wissenschaftlichen Erkenntnissen und der liberalen Einstellung der Mehrheit der Gesellschaft, vor allem meiner Generation. Dieser Umstand erzeugt ein interessantes Spannungsfeld, welches ich mit meiner Arbeit ergründen wollte.

Die ganzheitliche europäische Geschichte der Homosexualität, die den Anfang dieser Arbeit bildet, war für mich bis dahin größtenteils unbekannt, aber spannend zu erfahren. Ich wollte die Geschichte als erstes unabhängig von der Kirche darstellen, um zu zeigen, wie Homosexualität seit Anbeginn der Menschheit ein gesellschaftliches Thema ist, mit dem sich Menschen jeder Kultur und Epoche auseinandergesetzt haben.

Im Rahmen des Abschnitts Kirche und Homosexualität fand ich es spannend zu erfahren, welch unterschiedliche Positionen evangelische und katholische Kirche einnehmen und wie sehr sich bestimmte Auffassungen voneinander unterscheiden. Problematisch waren in diesem Zusammenhang die stark meinungsbesetzen Quellen. Fast jeder Autor der von mir recherchierten Bücher, vertritt einen bestimmten Standpunkt, der deutlich im Text transportiert wird. So ist es schwer, objektives Faktenwissen darzustellen, vor allem im Hinblick auf die Auslegung der Bibelstellen, die sich mit Homosexualität befassen.

Die recherchierten Erfahrungsberichte homosexueller Christen waren besonders interessant zu lesen. Diese geben fernab von Theorie den tatsächlichen Lebensalltag wieder und die tatsächlichen Probleme, die diese Menschen haben, im Angesicht des Spannungsfeldes „christliche Kirche und Homosexualität".

Literaturverzeichnis

Aldrich, R. (2007). *Gleich und anders: eine globale Geschichte der Homosexualität.*
Hamburg: Murmann.

Bleibtreu-Ehrenberg, G. (1993). Das Vorurteil gegenüber der Homosexualität im Abendland.
In B. Kittelberger, W. Schürger & W. Heilig-Achneck (Hrsg.), *Was auf dem Spiel steht*
(S.12-34). München: Claudius Verlag.

Ex-Küster bescheinigt Kirche "faschistische Züge". (2013). Zugriff am 02.05.2013. Verfügbar
unter:
http://www.queer.de/detail.php?article_id=18534

Helminiak, D.A. (2008). Homosexuality in World Religions: A Case Study in the Psychology
of Spirituality. *The Journal of Individual Psychology,* 64 (2), 137-160.

Janßen, K. (2004). *Glaube und Sakrament - Wie wirken Sakramente?* Studienarbeit.
München: GRIN Verlag.

Käufl, C. (2000). *Graue Jungs: Kirche und Homosexualität in der Wahrnehmung
homosexueller Männer.* Mainz: Matthias-Grünewald-Verlag.

Kittelberger, B., Schürger, W., & Heilig-Achneck, W. (Hrsg.). (1993). *Was auf dem Spiel
steht.* München: Claudius Verlag.

Korff W., Müller, W. (1996). Homosexualität, III. Theologisch-ethisch; IV Rechtlich bzw.
Kirchenrechtlich. In M. Buchberger, W. Kasper & K. Baumgartner (Hrsg.), *Lexikon für
Theologie und Kirche* (Bd. 5, S.255-256). Freiburg: Herder Verlag.

Laun, A. (2001). *Homosexualität aus katholischer Sicht.* Eichstätt: Franz Sales-Verlag.

Luther, M. (1912). *Die Bibel, oder Die ganze Heilige Schrift des Alten und Neuen Testaments.*
Stuttgart: Privilegierte Württembergische Bibelanstalt.

McIntosh, M. (1968). The Homosexual Role. *Social Problems*, 16 (2), 182-192.

Nitezki, J. (2011). *Chancengleichheit? Über den Umgang mit homosexuellen Beschäftigten in Einrichtungen der katholischen Kirche*. Bachelorarbeit. München: GRIN Verlag.

Rat der Deutschen Evangelischen Kirche. (Hrsg.). (2002). *Theologische, staatskirchenrechtliche und dienstrechtliche Aspekte zum kirchlichen Umgang mit den rechtlichen Folgen der Eintragung gleichgeschlechtlicher Lebenspartnerschaften nach dem Lebenspartnerschaftsgesetz*. Hannover: EKD.

Rauchfleisch, U. (1995). *Die stille und die schrille Szene: Erfahrungen von Schwulen im Alltag*. Freiburg: Herder.

Sekretariat der Deutschen Bischofskonferenz. (Hrsg.). (1986). *Schreiben der Kongregation für die Glaubenslehre über die Seelsorge für homosexuelle Personen*. Bonn: dbk.

Sekretariat der Deutschen Bischofskonferenz. (Hrsg.). (2005). *Kongregation für das Katholische Bildungswesen: Instruktion über Kriterien zur Berufungsklärung von Personen mit homosexuellen Tendenzen im Hinblick auf ihre Zulassung für das Priesterseminar und zu den heiligen Weihen*. Bonn: dbk.

Sölle, D. (2001). *Lieben und arbeiten: eine Theologie der Schöpfung*. München: Piper Verlag GmbH.